# Mein zweisprachiges Bilderbuch
# My Bilingual Picture Book

## Sefas schönste Kindergeschichten in einem Band

Ulrich Renz • Barbara Brinkmann:

### Schlaf gut, kleiner Wolf • Sleep Tight, Little Wolf

Lesealter: ab 2 Jahre

Cornelia Haas • Ulrich Renz:

### Mein allerschönster Traum • My Most Beautiful Dream

Lesealter: ab 3 Jahre

Ulrich Renz • Marc Robitzky:

### Die wilden Schwäne • The Wild Swans

Nach einem Märchen von Hans Christian Andersen

Lesealter: ab 5 Jahre

---

© 2022 by Sefa Verlag Kirsten Bödeker, Lübeck, Germany. www.sefa-verlag.de

Special thanks to Paul Bödeker, Freiburg, Germany

ISBN: 9783739990002

---

## Lesen · Hören · Verstehen

# Malst du gerne?

Hier findest du die Bilder der Geschichte zum Ausmalen:

## www.sefa-bilingual.com/coloring

Ulrich Renz · Barbara Brinkmann

# Schlaf gut, kleiner Wolf

# Sleep Tight, Little Wolf

Übersetzung:

Pete Savill (Englisch)

Hörbuch und Video:

www.sefa-bilingual.com/bonus

Kostenloser Zugang mit dem Kennwort:

Deutsch: **LWDE1314**

Englisch: **LWEN1423**

Gute Nacht, Tim! Wir suchen morgen weiter.
Jetzt schlaf schön!

Good night, Tim! We'll continue searching tomorrow.
Now sleep tight!

Draußen ist es schon dunkel.

It is already dark outside.

Was macht Tim denn da?

What is Tim doing?

Er geht raus, zum Spielplatz.

Was sucht er da?

He is leaving for the playground.

What is he looking for there?

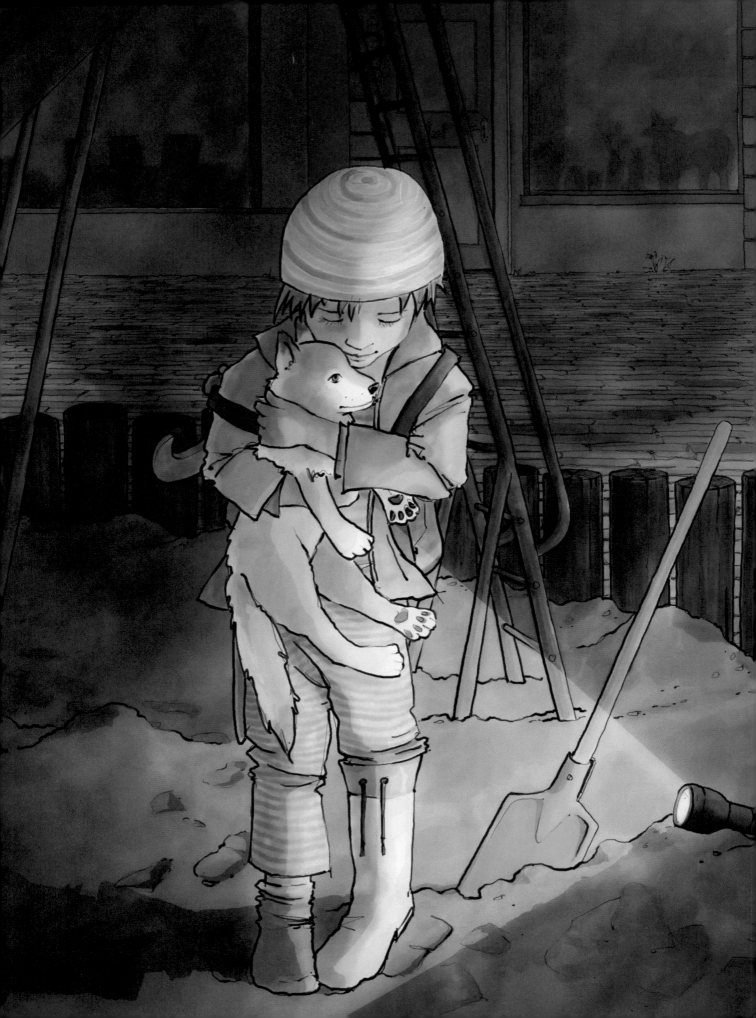

Den kleinen Wolf!

Ohne den kann er nicht schlafen.

The little wolf!

He can't sleep without it.

Wer kommt denn da?

Who's this coming?

Marie! Die sucht ihren Ball.

Marie! She's looking for her ball.

Und was sucht Tobi?

And what is Tobi looking for?

Seinen Bagger.

His digger.

Und was sucht Nala?

And what is Nala looking for?

Ihre Puppe.

Her doll.

Müssen die Kinder nicht ins Bett?

Die Katze wundert sich sehr.

Don't the children have to go to bed?

The cat is rather surprised.

Wer kommt denn jetzt?

Who's coming now?

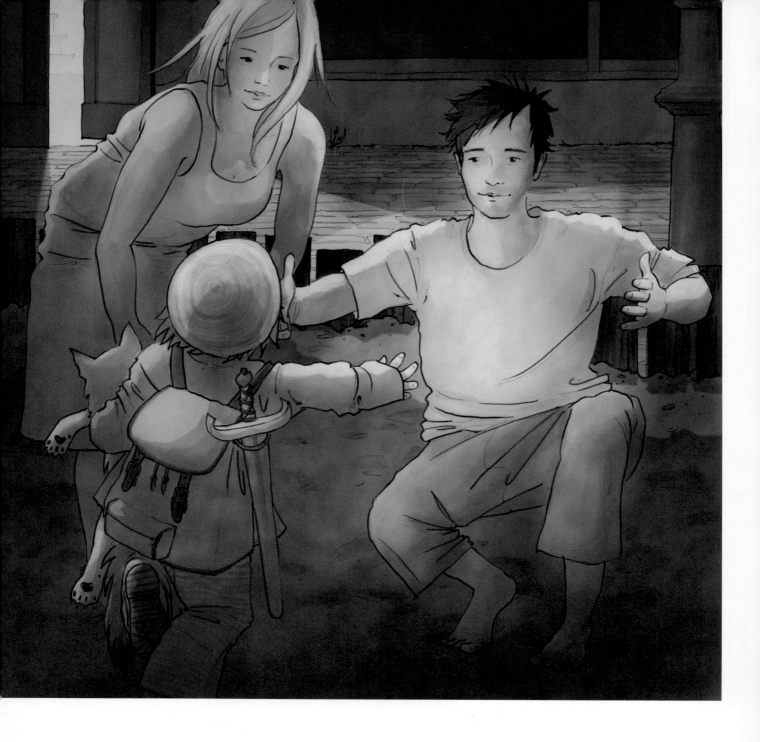

Die Mama und der Papa von Tim!
Ohne ihren Tim können sie nicht schlafen.

Tim's mum and dad!
They can't sleep without their Tim.

Und da kommen noch mehr! Der Papa von Marie.
Der Opa von Tobi. Und die Mama von Nala.

More of them are coming! Marie's dad.
Tobi's grandpa. And Nala's mum.

Jetzt aber schnell ins Bett!

Now hurry to bed everyone!

Gute Nacht, Tim!

Morgen müssen wir nicht mehr suchen.

Good night, Tim!

Tomorrow we won't have to search any longer.

Schlaf gut, kleiner Wolf!

Sleep tight, little wolf!

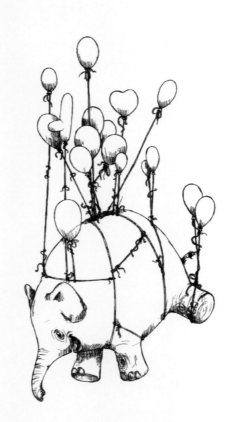

Cornelia Haas · Ulrich Renz

# Mein allerschönster Traum

# My Most Beautiful Dream

Übersetzung:

Sefâ Jesse Konuk Agnew (Englisch)

Hörbuch und Video:

www.sefa-bilingual.com/bonus

Kostenloser Zugang mit dem Kennwort:

Deutsch: **BDDE1314**

Englisch: **BDEN1423**

Lulu kann nicht einschlafen.
Alle anderen träumen schon
– der Haifisch, der Elefant, die
kleine Maus, der Drache, das
Känguru, der Ritter, der Affe,
der Pilot. Und der Babylöwe.
Auch dem Bären fallen schon
fast die Augen zu …

Du Bär, nimmst du mich mit
in deinen Traum?

Lulu can't fall asleep.
Everyone else is dreaming
already – the shark, the
elephant, the little mouse,
the dragon, the kangaroo,
the knight, the monkey, the
pilot. And the lion cub. Even
the bear has trouble keeping
his eyes open …

Hey bear, will you take me
along into your dream?

Und schon ist Lulu im Bären-Traumland. Der Bär fängt Fische im Tagayumi See. Und Lulu wundert sich, wer wohl da oben in den Bäumen wohnt?

Als der Traum zu Ende ist, will Lulu noch mehr erleben. Komm mit, wir besuchen den Haifisch! Was der wohl träumt?

And with that, Lulu finds herself in bear dreamland. The bear catches fish in Lake Tagayumi. And Lulu wonders, who could be living up there in the trees?

When the dream is over, Lulu wants to go on another adventure. Come along, let's visit the shark! What could he be dreaming?

Der Haifisch spielt Fangen mit den Fischen. Endlich hat er Freunde! Keiner hat Angst vor seinen spitzen Zähnen.

Als der Traum zu Ende ist, will Lulu noch mehr erleben. Kommt mit, wir besuchen den Elefanten! Was der wohl träumt?

The shark plays tag with the fish. Finally he's got some friends! Nobody's afraid of his sharp teeth.

When the dream is over, Lulu wants to go on another adventure. Come along, let's visit the elephant! What could he be dreaming?

Der Elefant ist so leicht wie eine Feder und kann fliegen! Gleich landet er auf der Himmelswiese.

Als der Traum zu Ende ist, will Lulu noch mehr erleben. Kommt mit, wir besuchen die kleine Maus! Was die wohl träumt?

The elephant is as light as a feather and can fly! He's about to land on the celestial meadow.

When the dream is over, Lulu wants to go on another adventure. Come along, let's visit the little mouse! What could she be dreaming?

Die kleine Maus schaut sich den Rummel an. Am besten gefällt ihr die Achterbahn.

Als der Traum zu Ende ist, will Lulu noch mehr erleben. Kommt mit, wir besuchen den Drachen! Was der wohl träumt?

The little mouse watches the fair. She likes the roller coaster best.
When the dream is over, Lulu wants to go on another adventure. Come
along, let's visit the dragon! What could she be dreaming?

Der Drache hat Durst vom Feuerspucken. Am liebsten will er den ganzen
Limonadensee austrinken.

Als der Traum zu Ende ist, will Lulu noch mehr erleben. Kommt mit, wir
besuchen das Känguru! Was das wohl träumt?

The dragon is thirsty from spitting fire. She'd like to drink up the whole lemonade lake.

When the dream is over, Lulu wants to go on another adventure. Come along, let's visit the kangaroo! What could she be dreaming?

Das Känguru hüpft durch die Süßigkeitenfabrik und stopft sich den Beutel voll. Noch mehr von den blauen Bonbons! Und mehr Lollis! Und Schokolade!

Als der Traum zu Ende ist, will Lulu noch mehr erleben. Kommt mit, wir besuchen den Ritter! Was der wohl träumt?

The kangaroo jumps around the candy factory and fills her pouch. Even more of the blue sweets! And more lollipops! And chocolate!

When the dream is over, Lulu wants to go on another adventure. Come along, let's visit the knight! What could he be dreaming?

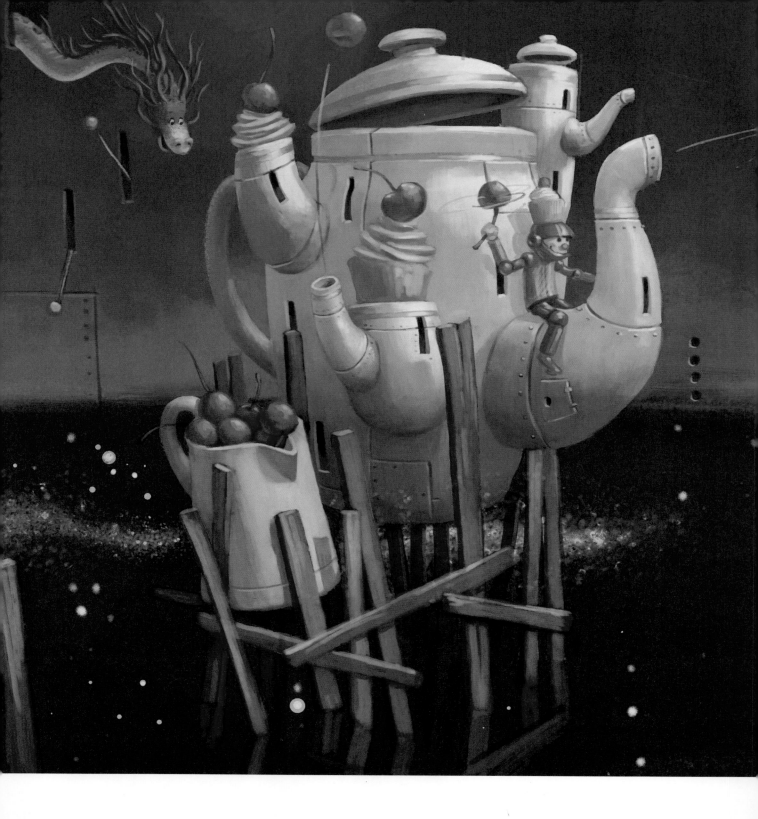

Der Ritter macht eine Tortenschlacht mit seiner Traumprinzessin. Oh! Die Sahnetorte geht daneben!

Als der Traum zu Ende ist, will Lulu noch mehr erleben. Kommt mit, wir besuchen den Affen! Was der wohl träumt?

The knight is having a cake fight with his dream princess. Oops! The whipped cream cake has gone the wrong way!

When the dream is over, Lulu wants to go on another adventure. Come along, let's visit the monkey! What could he be dreaming?

Endlich hat es einmal geschneit im Affenland! Die ganze Affenbande ist aus
dem Häuschen und macht Affentheater.

Als der Traum zu Ende ist, will Lulu noch mehr erleben. Kommt mit, wir
besuchen den Piloten! In welchem Traum der wohl gelandet ist?

Snow has finally fallen in Monkeyland. The whole barrel of monkeys is beside itself and getting up to monkey business.

When the dream is over, Lulu wants to go on another adventure. Come along, let's visit the pilot! In which dream could he have landed?

Der Pilot fliegt und fliegt. Bis ans Ende der Welt und noch weiter bis zu den Sternen. Das hat noch kein anderer Pilot geschafft.

Als der Traum zu Ende ist, sind alle schon sehr müde und wollen nicht mehr so viel erleben. Aber den Babylöwen wollen sie noch besuchen. Was der wohl träumt?

The pilot flies on and on. To the ends of the earth, and even farther, right on up to the stars. No other pilot has ever managed that.

When the dream is over, everybody is very tired and doesn't feel like going on many adventures anymore. But they'd still like to visit the lion cub.

What could she be dreaming?

Der Babylöwe hat Heimweh und will zurück ins warme, kuschelige Bett.
Und die anderen auch.

Und da beginnt ...

The lion cub is homesick and wants to go back to the warm, cozy bed.
And so do the others.

And thus begins ...

... Lulus
allerschönster Traum.

... Lulu's
most beautiful dream.

# Hans Christian Andersen

Hans Christian Andersen wurde 1805 in der dänischen Stadt Odense geboren, und starb 1875 in Kopenhagen. Mit seinen Kunstmärchen wie „Die kleine Meerjungfrau", „Des Kaisers neue Kleider" oder „Das hässliche Entlein" erlangte er Weltruhm. Das vorliegende Märchen, „Die wilden Schwäne", wurde erstmals 1838 veröffentlicht. Es wurde seitdem in über hundert Sprachen übersetzt und in vielen Fassungen, u.a. auch für Theater, Film und Musical, nacherzählt.

Ulrich Renz · Marc Robitzky

# Die wilden Schwäne

## The Wild Swans

Nach einem Märchen von

Hans Christian Andersen

Übersetzung:

Ludwig Blohm, Pete Savill (Englisch)

Hörbuch und Video:

www.sefa-bilingual.com/bonus

Kostenloser Zugang mit dem Kennwort:

Deutsch: **WSDE1314**

Englisch: **WSEN1423**

Es waren einmal zwölf Königskinder – elf Brüder und eine große Schwester, Elisa. Sie lebten glücklich in einem wunderschönen Schloss.

Once upon a time there were twelve royal children – eleven brothers and one older sister, Elisa. They lived happily in a beautiful castle.

Eines Tages starb die Mutter, und einige Zeit später heiratete
der König erneut. Die neue Frau aber war eine böse Hexe.
Sie verzauberte die elf Prinzen in Schwäne und schickte sie
weit weg in ein fernes Land jenseits des großen Waldes.

One day the mother died, and some time later the king married again. The new wife, however, was an evil witch. She turned the eleven princes into swans and sent them far away to a distant land beyond the large forest.

Dem Mädchen zog sie Lumpen an und schmierte ihm eine hässliche Salbe ins Gesicht, so dass selbst der eigene Vater es nicht mehr erkannte und aus dem Schloss jagte. Elisa rannte in den dunklen Wald hinein.

She dressed the girl in rags and smeared an ointment onto her face that turned her so ugly, that even her own father no longer recognized her and chased her out of the castle. Elisa ran into the dark forest.

Jetzt war sie ganz allein und sehnte sich aus tiefster Seele nach ihren verschwundenen Brüdern. Als es Abend wurde, machte sie sich unter den Bäumen ein Bett aus Moos.

Now she was all alone, and longed for her missing brothers from the depths of her soul. As the evening came, she made herself a bed of moss under the trees.

Am nächsten Morgen kam sie zu einem stillen See und erschrak, als sie darin ihr Spiegelbild sah. Nachdem sie sich aber gewaschen hatte, war sie das schönste Königskind unter der Sonne.

The next morning she came to a calm lake and was shocked when she saw her reflection in it. But once she had washed, she was the most beautiful princess under the sun.

Nach vielen Tagen erreichte Elisa das große Meer. Auf den Wellen schaukelten elf Schwanenfedern.

After many days Elisa reached the great sea. Eleven swan feathers were bobbing on the waves.

Als die Sonne unterging, war ein Rauschen in der Luft, und elf wilde Schwäne landeten auf dem Wasser. Elisa erkannte ihre verzauberten Brüder sofort. Weil sie aber die Schwanensprache sprachen, konnte sie sie nicht verstehen.

As the sun set, there was a swooshing noise in the air and eleven wild swans landed on the water. Elisa immediately recognized her enchanted brothers. They spoke swan language and because of this she could not understand them.

Tagsüber flogen die Schwäne fort, nachts kuschelten sich die Geschwister in einer Höhle aneinander.

Eines Nachts hatte Elisa einen sonderbaren Traum: Ihre Mutter sagte ihr, wie sie die Brüder erlösen könne. Aus Brennnesseln solle sie für jeden Schwan ein Hemdchen stricken und es ihm überwerfen. Bis dahin aber dürfe sie kein einziges Wort reden, sonst müssten ihre Brüder sterben.
Elisa machte sich sofort an die Arbeit. Obwohl ihre Hände wie Feuer brannten, strickte sie unermüdlich.

During the day the swans flew away, and at night the siblings snuggled up together in a cave.

One night Elisa had a strange dream: Her mother told her how she could release her brothers from the spell. She should knit shirts from stinging nettles and throw one over each of the swans. Until then, however, she was not allowed to speak a word, or else her brothers would die.
Elisa set to work immediately. Although her hands were burning as if they were on fire, she carried on knitting tirelessly.

Eines Tages ertönten in der Ferne Jagdhörner. Ein Prinz kam mit seinem Gefolge angeritten und stand schon bald vor ihr. Als die beiden sich in die Augen schauten, verliebten sie sich ineinander.

One day hunting horns sounded in the distance. A prince came riding along with his entourage and he soon stood in front of her. As they looked into each other's eyes, they fell in love.

Der Prinz hob Elisa auf sein Pferd und nahm sie mit auf sein Schloss.

The prince lifted Elisa onto his horse and rode to his castle with her.

Der mächtige Schatzmeister war über die Ankunft der stummen Schönen alles andere als erfreut. Seine eigene Tochter sollte die Braut des Prinzen werden.

The mighty treasurer was anything but pleased with the arrival of the silent beauty. His own daughter was meant to become the prince's bride.

Elisa hatte ihre Brüder nicht vergessen. Jeden Abend arbeitete sie weiter an den Hemdchen. Eines Nachts ging sie hinaus auf den Friedhof, um frische Brennnesseln zu holen. Dabei beobachtete der Schatzmeister sie heimlich.

Elisa had not forgotten her brothers. Every evening she continued working on the shirts. One night she went out to the cemetery to gather fresh nettles. While doing so she was secretly watched by the treasurer.

Sobald der Prinz auf einem Jagdausflug war, ließ der Schatzmeister Elisa in den Kerker werfen. Er behauptete, dass sie eine Hexe sei, die sich nachts mit anderen Hexen treffe.

As soon as the prince was away on a hunting trip, the treasurer had Elisa thrown into the dungeon. He claimed that she was a witch who met with other witches at night.

Im Morgengrauen wurde Elisa von den Wachen abgeholt. Sie sollte auf dem Marktplatz verbrannt werden.

At dawn, Elisa was fetched by the guards. She was going to be burned to death at the marketplace.

Kaum war sie dort angekommen, als plötzlich elf weiße
Schwäne geflogen kamen. Schnell warf Elisa jedem ein
Nesselhemdchen über. Bald standen alle ihre Brüder in
Menschengestalt vor ihr. Nur der Kleinste, dessen Hemd
nicht ganz fertig geworden war, behielt anstelle eines Armes
einen Flügel.

No sooner had she arrived there, when suddenly eleven white swans came flying towards her. Elisa quickly threw a shirt over each of them. Shortly thereafter all her brothers stood before her in human form. Only the smallest, whose shirt had not been quite finished, still had a wing in place of one arm.

Das Herzen und Küssen der Geschwister hatte noch kein Ende genommen, als der Prinz zurückkam. Endlich konnte Elisa ihm alles erklären. Der Prinz ließ den bösen Schatzmeister in den Kerker werfen. Und dann wurde sieben Tage lang Hochzeit gefeiert.

Und wenn sie nicht gestorben sind, dann leben sie noch heute.

The siblings' joyous hugging and kissing hadn't yet finished as the prince returned. At last Elisa could explain everything to him. The prince had the evil treasurer thrown into the dungeon. And after that the wedding was celebrated for seven days.

And they all lived happily ever after.

Barbara Brinkmann wurde 1969 in München geboren und ist im bayerischen Voralpenland aufgewachsen. Sie studierte Architektur in München und ist heute wissenschaftliche Mitarbeiterin an der Fakultät für Architektur der Technischen Universität München. Daneben arbeitet sie als selbständige Grafikerin, Illustratorin und Autorin.

Cornelia Haas, geboren 1972, machte zunächst eine Ausbildung zur Schilder- und Lichtreklameherstellerin. Danach hängte sie Schilder und Beruf an den Nagel und studierte Grafik-Design in Münster. Inzwischen illustriert sie mit großem Vergnügen Kinder- und Jugendbücher für verschiedene Verlage. Seit 2018 ist sie Professorin für Illustration an der Fachhochschule Münster.

Marc Robitzky, Jahrgang 1973, studierte an der Technischen Kunstschule in Hamburg und der Academy of Visual Arts in Frankfurt. Er arbeitet als freiberuflicher Illustrator und Kommunikationsdesigner in Aschaffenburg (Deutschland).

Ulrich Renz wurde 1960 in Stuttgart (Deutschland) geboren. Er studierte französische Literatur in Paris und Medizin in Lübeck, danach arbeitete er als Leiter eines wissenschaftlichen Verlags. Heute ist Renz freier Autor, neben Sachbüchern schreibt er Kinder- und Jugendbücher.

Printed in Poland
by Amazon Fulfillment
Poland Sp. z o.o., Wrocław
08 December 2023

20446608-7df6-4c9d-a2ff-a308a2f132f5R01